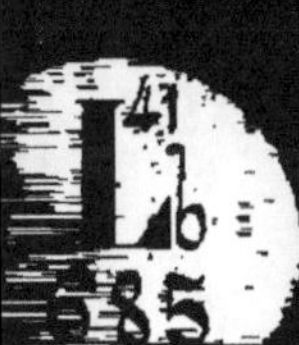

RÉPONSE

DU CITOYEN

SALICETI,

Imprimée et publiée en Corse, le 14 Juin dernier, aux faits calomnieux contenus dans la lettre du 15 Mai dernier, écrite par les membres du conseil du Département de Corse rebelles, et actuellement en état d'accusation, aux Citoyens Delcher et Lacombe-Saint-Michel, représentans du peuple, qui l'ont méprisée, et que Costantini, soi-disant député extraordinaire dudit département, a fait réimprimer et distribuer le 9 de ce mois, six jours après le départ de Saliceti pour sa mission.

PARIS.

1793.

RÉPUBLIQUE FRANÇAISE,
UNE ET INDIVISIBLE.

CHRISTOPHE SALICETI,

A SES CONCITOYENS.

SI je prends la plume, ce n'est ni pour répondre aux calomnies dont les soi-disans membres du conseil général du département ont cru me noircir, ni pour me justifier aux yeux des commissaires mes collègues auxquels, par la lettre du quinze Mai, ils ont prétendu me rendre suspect.

Je méprise trop les premiers, pour entrer avec eux dans l'arène, et je me flate d'être assez connu des seconds pour avoir besoin de descendre jusqu'à me justifier.

Le public seulement pourrait être induit en erreur par les mensonges que mes lâches détracteurs ont avancés avec une impudence dont il n'est pas possible de se faire une idée. C'est pour lui que j'écris, et ce sera par des faits appuyés de pièces justificatives que je détruirai les absurdités que la basse jalousie et la haîne de PozzodiBorgo rédacteur de leur lettre, ont pu seulement lui permettre d'avancer.

Pour épargner au public la peine de relire cette lettre répandue avec une profusion qui annonce le but dans lequel elle a été écrite, je résumerai les chefs d'accusation qui me sont imputés. Je répondrai à chacun avec toute la précision qui pourra se concilier avec les détails de certains faits essentiels à connaître.

1º. *C'est à moi, disent-ils, à qui il faut attribuer tous les maux qui désolent le département de Corse, pour me faire un parti; j'abuse, selon eux, de ma qualité de représentant du peuple et je prodigue l'or de la nation.*

(5)

Je réponds qu'il ne suffisait pas de dire
que j'abusais de ma qualité de représentant du peuple : il aurait fallu préciser
les abus que je me permettais. Mes détracteurs sont bien indulgens , ils se con-
tentent de citer la chose en général , et
ils veulent bien m'épargner la mortification
d'entrer dans les détails.

Quand à l'or de la nation que je prodigue , c'est une inculpation à laquelle je
n'ai pas besoin de répondre. Il faut être
bien ignorant du système qui règle les fi-
nances de la république, pour croire qu'un
commissaire de la convention puisse dé-
penser les fonds publics qu'il n'a pas à
sa disposition.

*2°. Saliceti étant député à l'assemblée
constituante , fut nommé procureur-général-
syndic en Corse , et toucha en même temps
l'indemnité comme député et les appointemens de procureur-général-syndic et d'assesseur de Sartene.*

(6)

Voilà des faits en partie vrais qui , pourtant ont besoin de quelques explications.

Je pourrais d'abord , quand aux appointemens d'assesseur de Sartene , me contenter de leur répondre que le fait est faux ; mais pour leur fermer la bouche de la manière la plus évidente , je dirai que, nommé assesseur à Sartene au mois d'avril 1789 , lorsque j'étais au moment de partir pour me rendre aux états - généraux , je ne retirai pas ma commission , je n'entrai pas en fonction , je ne prêtai pas même le serment accoutumé.

Or, tout le monde sait que , même sous l'ancien régime , il était impossible de toucher les appointemens attachés à une place de magistrature , sans avoir préalablement prêté au moins le serment d'usage.

Pour celle de procureur-général-syndic, il est vrai que j'en ai été payé pendant les derniers douze mois que j'ai passés à l'assemblée constituante , mais ils n'ont pas dit que ce fut ensuite d'une délibération prise à l'unanimité par le conseil général du département, les premiers jours de sa session , par laquelle il m'accordait en dédomagement des frais extraordinaires, que la multitude d'affaires dont j'étais chargé pour le département, m'occasionnait à Paris les appointemens de procureur-général - syndic. Délibération approuvée par le pouvoir exécutif avec le procès-verbal de toute la session.

Pourquoi voudrait-on aujourd'hui me faire un crime d'une délibération prise , *moi absent*, et que je n'ai pas provoquée? Pourquoi vient-on me reprocher d'avoir touché, à titre d'indemnité, la somme de 3000 liv. que la loi alors ne me défendait pas de percevoir à titre d'appointemens ?

L'honnête et désintéressé PozzodiBorgo ne pourra pas en dire autant, lui qui, membre du directoire du département, envoyé par l'assemblée électorale en qualité de député extraordinaire à l'assemblée constituante, reçu 3000 livres, et toucha en même temps pendant huit mois les appointemens de membre du directoire du département, sans délibération du conseil ; lui qui, député à l'assemblée législative, obtint pour son frère, à la faveur de la cour basse et rampante qu'il fesait à Bonne-Carrère, une place de secrétaire interprète auprès de l'agent de la république en Toscane, et tandis que son frère était employé en Corse dans les bureaux du département aux gages de 100 liv. par mois, il en touchait par la main du ministre des affaires étrangères, les appointemens à Paris qui, en tout se sont montés à cent louis ; lui qui, lors de l'expédition de la Sardaigne, fit nommer ce même frère aide-de-camp du héros des Isles de la Madelaine, lui fit payer sans qu'il y alla, 800 livres en espèce en même temps qu'il touchait les appointemens de

(9)

secrétaire de l'envoyé de la république en
Toscane, et ceux de commis au directoire
du département.

3°. Mais ce n'est rien tout ceci, je les
entends s'écrier :

*Saliceti a acheté le domaine d'Aléria, il
a donné des ordres pour faire emprisonner
ses compétiteurs, il s'est procuré une estimation de trois quarts au dessous de sa
valeur réelle, il fit, au mépris de la loi,
suspendre la vente pour s'y trouver présent.*

Voilà des faits bien graves : s'il y en a
un seul de vrai, je suis coupable.

J'étais encore à Paris, lorsque le directoire du district de Cervione fit procéder
à l'estimation du domaine d'Aléria. Tous
les membres de ce district sont encore
vivans, ils ne sont pas au nombre de mes
amis ; je les défie de dire que j'ai eu connaissance, ni de l'époque de l'estimation,
ni des experts qui y avaient procédé.

Mes calomniateurs ont l'effronterie d'avancer que j'ai donné des ordres pour faire arrêter mes compétiteurs ; qu'ils représentent mes ordres, que quelqu'un dise qu'il en a reçu de ma part, et je consens à être déshonoré.

La suspension de la vente fut ordonnée par le directoire du département pour en distraire le *Château* dit *Forte*, qu'on regardait comme partie militaire. En effet, dans le procès-verbal de vente le *château* non-seulement ne s'y trouve pas compris, mais il en est formellement exclus.

J'ai acheté le bien d'*Aleria*, après avoir été mis deux fois à l'enchère, à la première le prix augmenta de 13,000 l., à la seconde, après avoir épuisé toutes les formalités commandées par la loi, il me fût adjugé pour 70,000 l., dont j'ai seulement payé la première annuité. Il ne vaut pas davantage, et pour confondre mes détracteurs, je contracte l'engagement de le cé-

der au même prix à celui qui voudra s'en
charger : j'offre même d'y perdre mille
écus.

Je ne gagnerai pas à ce marché autant
que le patriote Pozzo di Borgo a gagné par
l'indemnité de la misérable concession
qu'on lui avoit retiré.

Il a trouvé, pendant qu'il étoit député
à l'assemblée législative, le secret de se faire
allouer une somme de 6,000 l., en dédom-
magement des dépenses qu'il disoit avoir
faites sur le bien qu'il avoit eu en concession. Il est constant qu'il n'y avoit pas dé-
pensé un sol, et j'en atteste les personnes
du lieu, néanmoins il a trompé au moyen
d'un expert gagné, le directoire du département et l'assemblée nationale.

*4°. La nation avoit accordé des fusils pour
être distribués au Peuple, Saliceti les a dis-
tribué à ses parens et à ses amis, et il n'existe
pas même une note de cette distribution.*

Les fusils dont on parle étoient au nombre de 2,000 que j'avois obtenu du ministre Narbonne en partant de Paris au mois de décembre 1791 ; ils ont été distribués d'après les ordres du directoire du département. Onze cents ont été fournis à différentes municipalités des districts de la Porta, Corte, Oletta, et Cervione. L'état de distribution doit se trouver dans le bureau du procureur-général-syndic. Neuf cents destinés pour les districts de Sartene, Vico et Ajaccio, étoient encore dernièrement dans les magasins de la douane d'Ajaccio, lorsque Pozzodiborgo les a fait prendre pour les tourner contre cette même nation, qui les a généreusement accordés.

5°. *Saliceti a trompé le ministre des contributions publiques. Il a avancé qu'il avoit plus de matrices de rôles, que dans le fait il n'en existoit.*

Ceux qui connoissent la marche que sont tenus de suivre les procureurs - généraux-syndics dans le travail des contributions, doivent savoir qu'ils sont obligés d'envoyer tous les quinze jours un état au ministre des contributions publiques, pour le mettre au fait des matrices des rôles, existantes dans les municipalités, et des rôles en recouvrement. Pour obtenir ces renseignemens, ils s'adressent aux procureurs-syndics des districts, et ceux-ci aux municipalités. Ce n'est que d'après les états des procureurs - syndics des districts existans dans les bureaux du département, que j'ai réglé les miens. S'il y a erreur, ce ne peut être jamais de ma faute. D'ailleurs, quel pouvoit être mon but ? quel avantage pouvois-je me proposer d'en tirer, en disant au ministre qu'il y avoit, supposons, cent matrices de rôles, au lieu de 90.

6. *Les loix répressives n'étoient exécutées que contre les ennemis.*

Grand Dieu ! quels sont les hommes persécutés par moi pendant les six mois que j'ai rempli les fonctions de procureur-gé-

néral-syndic ? qu'il s'en présente un seul ,
et je lui promets de réparer mes torts.

On a a emprisonné, me dira-t-on, les
fils de Gaffory, Xavier Matra, et Ambroise
Buttafoco.

Je me trouvois à Ajaccio, lorsque j'ap-
pris la nouvelle de l'emprisonnément des
fils de Gaffory. A mon arrivée à Corte, je
ne manquois pas d'observer à mes collègues, que je ne voyois dans l'arrestation
des enfans de Gaffory, qu'une lâcheté qui
nous déshonoroit; ils me répondirent qu'ils
n'en avoient aucune connoissance, que c'é-
toit Cesari-Rocca, colonel alors de la gendarmerie nationale, qui en avoit ordonné
l'arrestation de la part du général Paoli;
en effet, quelques jours après, Ceccaldi,
oncle des fils de Gaffory, présenta un Mémoire au directoire du département, pour
demander l'élargissement de ses neveux.

Matra et Buttafoco furent aussi arrêtés
par ordre du général Paoli. Il avoit intérêt

(15)

de se défaire du premier, et tout le monde
en connoit le motif : cette violence étoit
nécessaire pour le forcer à émigrer.

Quant au second, il vouloit seulement
le punir de quelques propos indiscrets qu'il
s'étoit permis contre son *Excellence.*

Vraiment on voit aujourd'hui que ce ne
fût qu'une simple correction paternelle,
un peu dure il est vrai, puisqu'il est de-
venu maintenant l'instrument, dont il se
sert, pour faire piller et ravager les pro-
priétés des patriotes opprimés.

C'est parce que l'administration voulut
s'opposer à son despotisme, qu'il en jura
la perte, et qu'il songea dès-lors à lui en
substituer un autre, qui lui fut plus dé-
voué, et qui a si bien justifié ses espé-
rances.

7. L'assemblée électorale convoquée à Corte
au mois de septembre dernier, pour l'élection
des députés à la convention nationale, fût

dirigée par Saliceti, il introduisit dans la salle la force armée ; élu député, il ne partit qu'un mois après.

Si on appelle diriger une assemblée, lorsqu'on y fait respecter la liberté, oui ; j'en conviens, je l'ai dirigée. Nommé président, il étoit de mon devoir d'y faire régner l'ordre, et maintenir la liberté des électeurs.

Le public qui se trouvoit dans les tribunes, applaudissoit lors de la vérification des pouvoirs, à une décision qui apparemment ne plaisoit pas à Peretti, capitaine de la gendarmerie. Il s'avisa de faire entrer dans la salle un gendarme, qui eut l'insolence de coucher en joue ceux qui applaudissoient aux tribunes. Un mouvement d'indignation générale se manifesta, le désordre s'en suit, et ce fut alors, que pour éviter tout accident funeste, je me vis forcé d'ordonner par écrit à la garde des Cuisses, qui étoient aux portes, de s'introduire dans l'intérieur de la salle. Je ne fis en cela que

Le général Paoli se trouvoit malade à cette époque; l'assemblée électorale lui envoya une députation, pour s'informer de l'état de sa santé. En recevant de son lit la députation, il lui dit : *les Corses sont trahis, le choix des députés pour la convention, sera mauvais, il faut ouvrir les yeux :* Eh bien lui répliqua la députation alors, *parlez, général, expliquez-vous, quels sont les citoyens qu'il faudroit nommer.*

Le général Paoli, après avoir eu l'air de ne pas vouloir s'expliquer, leur dit pourtant, *les citoyens que vous devez nommer, sont, Saliceti, Cesari-Rocca,* (1) *Masseria,* (2) *Andrei, Bozi et Panattieri* (3).

Coti, membre de la députation fut chargé

---

(1) Député à l'assemblée constituante, il est actuellement partisan de Paoli.

(2) Depuis la dernière guerre il est salarié par l'Angleterre, et vient de remplir une mission de Paoli auprès de l'amiral anglais à Livourne.

(3) Membre du département décrété d'accusation, il a été le premier à faire une incurtion dans la Bolagne, pour surprendre la ville de Caloi, restée fidèle.

B

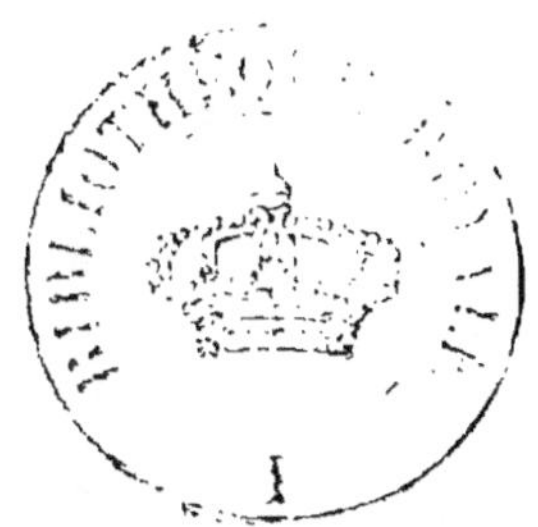

d'annoncer le lendemain à l'assemblée électorale , que tel étoit le vœu du général Paoli.

Savelli , un des prétendus membres du conseil général , qui se trouvait alors au chevet de son lit, ajouta : que les Corses devaient regarder ce que le général venait de dire, comme son testament.

Instruit de l'inconcevable mission dont Coti était chargé , je pris le parti de me rendre à onze heures du soir chez le général Paoli.

Je commançai par lui observer que je venais d'apprendre que Coti était chargé, en son nom , d'annoncer à l'assemblée la liste des députés qu'il fallait nommer, et j'en étais d'autant plus étonné , qu'on me faisait le tort de m'y comprendre pour le premier. Je ne pouvais jamais me persuader , lui ajoutai-je , que le général Paoli respecta si peu la liberté de ses concitoyens pour vouloir substituer sa volonté privée au vœu libre que chaque électeur était

appellé à émettre ; au surplus , je lui dé-
clarai que si Coti se présentait pour remplir
la mission , je n'aurais pas pu m'empêcher d'en faire mention au procès-verbal ,
et quant à mon particulier , j'aurais dé-
claré à l'assemblée, qu'en supposant qu'elle
eut quelque vue sur moi , j'y renonçais
d'avance.

Le général Paoli , je rends hommage à
la vérité , frappé de la justesse de mes
observations , fit dire à Coti de ne plus
parler à l'assemblée sur le choix des députés.

Nommé député vers la fin de septembre,
je ne suis parti de Corse qu'à la fin d'oc-
tobre. J'ai été pendant quelques jours
incommodé , et j'en ai dû passer une
quinzaine à Bastia , par commission du
conseil général du département , pour
différens objets d'administration.

Ceux dont j'ai l'avantage d'être connu ,
savent bien qu'à l'assemblée constituante ,
et à la conventionnelle , je n'ai jamais
attendu les évènemens pour énoncer mon

opinion. Au reste , je suis arrivé toujours à temps pour aider de mon suffrage à faire tomber la tête du tyran.

8°. *Saliceti s'est étudié de présenter à Paris la Corse comme en état de contre-révolution prochaine , il a fait nommer des commissaires, etc.....*)

La pièce cotée n°. premier , qui se trouve insérée dans tous les journaux , contenant la motion que je fis à l'assemblée nationale le 28 janvier dernier , dément , ce me semble, de la manière la plus formelle cette première assertion. Bien loin d'avoir dit que le peuple se trouvait en état de contre-révolution imminente , j'ai soutenu que par principe et par intérêt , il tenait à la constitution républicaine que la France allait se donner , j'ai dit que , fier de combattre pour la cause sacrée de la liberté , il aurait repoussé les ennemis qui auraient approché de son territoire , et que la nation pouvait compter le déparpartement de Corse au nombre de ceux qui avaient juré d'exécuter les décrets de la convention nationale , ou de s'ensévelir sous les décombres de l'édifice dont elle est occupée.

Je vois aujourd'hui, le cœur navré de douleur, que je me suis trompé. Oui , il n'est que trop vrai , une très-grande partie des Corses , égarés , sans doute , par le plus lâche des traîtres , sont rebelles à la France , à cette nation grande et magnanime qui les a comblé de bienfaits.

La seule idée de cette monstrueuse ingratitude m'accablerait si je n'étais pas nourri de l'espoir que leur illusion ne sera pas longue. Ils reviendront de leur erreur, et le scélérat qui a voulu les perdre ne retirera de sa trahison d'autre profit que l'opprobre dont il s'est couvert aux yeux de ses contemporains et de la postérité.

La mesure des commissaires a été générale pour tous les départemens , il n'y a eu en cela rien de particulier pour la Corse. Ils ont toujours sauvé ici trois places principales à la France, et ils seront à portée de mettre la convention nationale en état de prononcer sur le sort de la Corse avec une pleine connaissance de cause.

9°. Saliceti a fait réformer les bataillons des volontaires nationaux, il a nommé lui seul, à toutes les places de l'infanterie légère, etc....

Le mémoire coté N°. 2 présenté par la députation de Corse au comité militaire, prouve bien le contraire. Les états cotés N°. 3 et 4, signés par tous les députés du département, portans proposition au ministre de la guerre pour la nomination aux places de lieutenans-Colonels et capitaines, démentent ce chef d'accusation calomnieuse dont ils ont fait leur cheval de bataille.

Comment dans leur système pourraient

ils me faire un crime d'avoir adhéré au licenciement des volontaires nationaux, tandis que le général Paoli, le *père de la patrie*, lui-même, en a provoqué la suppression à différentes reprises ? Il voulait leur substituer un régiment composé de Corses et de Suisses ; et comme il n'est pas accoutumé à oublier ses plus proches parens, il proposait pour colonel son neveu Leonetti. Voyez la lettre cotée N°. 5.

10. *Le décret contre le général Paoli et le procureur-général-syndic, a été sollicité par cette faction..... ils avaient besoin de ces victimes pour l'accomplissement de leurs projets parricides.*

Le décret du deux avril a été rendu en mon absence, je suis parti de Paris le 12 février.

Je déclare que j'ai cru d'abord qu'on avait induit la Convention en erreur : je m'en suis expliqué d'une manière ouverte avec mes collègues ; et ce n'a pu être que d'après la trahison dont je suis témoin, que je me suis convaincu que la Convention nationale a été bien instruite, et je n'ai que le regret de ne pas avoir pu concourrir à le provoquer : c'eut été un service de plus rendu à ma patrie.

Pozzodiborgo qui en s'associant au général Paoli, voudrait se faire croire un homme de conséquence, dit, qu'on avait besoin de lui pour victime pour accomplir des projets parricides. De lui pour victime ! comme s'il était un personnage assez important pour influer sur les distinées de de son pays : l'ambitieux qui pour s'élever aurait besoin de sacrifier Pozzodiborgo, ne serait pas redoutable.

Personne ne pouvait avoir besoin de lui pour victime. C'était lui qui pour éviter le sort qui devait l'attendre un jour en France, a cherché de séparer la Corse de la mère patrie.

Sa conscience lui reprochait la conduite

qu'il avait tenue à l'assemblée législative, le rôle d'espion qu'il avait joué pendant quelques temps pour tromper les députés patriotes, et favoriser les complots de la cour. Il savait qu'après la mémorable journée du 10 août, flétri d'opprobre et livré à l'ignominie, il ne pouvait plus se montrer dans Paris, il savait, que pour échapper au courroux du peuple, lui ainsi que ses compagnons de la liste civile, avaient eu besoin, au mois de septembre, de se tenir cachés pendant plusieurs jours, C'est d'après ces motifs, qu'à son arrivée en Corse avec Leonetti son collègue, ce dernier bercé par l'espoir d'un trône, que la puissante influence de son oncle semblait lui assurer, et lui transmettre héréditairement sur les Corses, qui victimes de l'erreur et de la séduction, pouvaient favoriser son illusion momentanée, l'un et l'autre ne firent que prêcher la séparation de la Corse.

Pozzodiborgo dans sa courte carrière législative, s'est couvert de honte, et dans celle d'administrateur, il a pris la route de l'échafaudr.

Quant à Paoli, je n'ai qu'un tort à me reprocher, c'est celui d'avoir écrit pour lui, je croyais alors rendre hommage à la liberté. J'ai garanti la loyauté à la l'assemblée constituante ; j'ai répondu de lui. Il m'a trompé , il a trahi la nation. Ce ne sont pas les dénonciations portées contre lui qui ont provoqué le décret du deux avril , c'est la conduite qu'il a tenu en Corse. Nommé commandant de la vingt-troisième division, son premier soin fut de s'emparer de toutes les places fortes de l'île , d'en chasser les troupes de ligne et tous les Français du continent.

Il les confia à des hommes qui lui étaient exclusivement dévoués , et tandis que la république prodiguait ses trésors en Corse, il travaillait sourdement à l'exécution d'un plan qui devait faire la ruine de ses compatriotes.

S'il était de bonne foi, s'il était vraiment Français, pourquoi pas un seul d'entr'eux n'a été placé dans les dernières élections, qu'il a même par la force ouverte dirigées à son gré ? Pourquoi s'est il entouré de tous les contre - révolutionnaires, des prêtres et des moines non assermentés ?

Pourquoi les munitions de guerre destinées à la défense des places frontières contre les ennemis extérieurs, ont été par son ordre transportées en partie à Corte, où elles ne pouvaient servir que contre les soldats de la république ?

Pourquoi lors de l'expédition de la Sardaigne a-t-il cherché tous les moyens d'empêcher que les Corses n'y allassent, en disant, qu'il ne pouvait pas y donner la main, parce qu'il avait trop d'obligation à la cour de Turin.

Malheureux Corses ! quand est-ce que vous cesserez d'être le jouet de l'ambition d'un homme astucieux ? ouvrez les yeux :

quittez les hommes et attachez-vous aux choses ; un abîme profond s'est creusé devant vous , encore un pas et vous êtes perdus.

Quelque soit l'injustice avec laquelle je suis traité , je pars pour Paris pour défendre vos intérêts : je déchirerai le voile couvre le mystère de tant d'iniquités et de perfidies ; la France entière connaîtra l'homme qu'elle avait cru digne de sa confiance , et d'après le portrait fidèle qui en sera fait , ce sera bien le cas de dire , *le masque tombe , et le héros s'évanouit.*

[CHRISTOPHE SALICETI.

Bastia ; le 14 Juin 1793 , deuxième de la république Française.

NUMÉRO PREMIER.

MOTION

FAITE PAR LE CITOYEN

SALICETI,

A la séance du 28 Janvier, et qui se trouve inséré dans le N°. 29 du Moniteur.

CITOYENS, si je viens réclamer un instant votre attention, c'est pour un objet important. Je vais vous exposer en très-peu de mots, l'état où se trouve le département le plus lointain de la république.

La défense de l'île de Corse, dont la

position intéressante domine l'Italie ; et protège les côtes méridionales de France mérite, à la veille d'une guerre maritime, toute la sollicitude des représentans du peuple ; je ne vois pas que dans le rapport qui vous a été fait au nom du comité de défense générale, on ait fait aucune mention de ce département, que pourtant les ennemis ont un grand intérêt d'attaquer, dès qu'ils auront une flotte dans la Méditerranée. S'ils réussissent de s'emparer des principaux ports de Corse, qui, dans ce moment, sont hors d'état de résister, il leur sera très-facile de détruire votre commerce du Levant, et porter par-là un coup mortel à tout le midi de la France, et à la florissante ville de Marseille en particulier.

Ils pourroient combattre vos flottes avec un avantage immense, ayant pour eux toute la côte d'Italie ; car il ne faut pas se faire illusion, les prêtres et les petits tyrans qui asservissent ces superbes

contrées, se tourneront entièrement contre vous, aussi-tôt qu'ils verront dans
la Méditerranée une escadre en état de
balancer vos forces, et qui puisse les
mettre à même de manifester les inten-
tions hostiles qu'ils sont dans ce moment
par faiblesse, obligés de cacher.

En supposant l'Italie contre nous, la
Corse et la Sardaigne au pouvoir des ennemis, l'île de Malthe gouvernée par
l'aristocratie, et par conséquent non-seulement contraire, mais directement inté-
ressée à la ruine du système de liberté
et d'égalité pour l'affermissement duquel
les Français font de si nobles et généreux
efforts, je ne vois plus de refuge pour
nos vaisseaux, exposés aux événemens
de la mer, à la suite d'un combat, ou
d'un coup de vent du Nord-ouest, qui
malheureusement ne sont que trop fré-
quens dans ces parages.

Il ne vous resterait que le seul port de
Toulon, qui, quoique d'une très-haute

importance , ne suffiroit pas pour empêcher les ennemis de se rendre maîtres de
la Méditerranée.

Une considération d'un autre genre ,
mais non moins importante , et que je
ne puis pas m'empêcher de vous remettre
sous les yeux , est celle des bois de cons-
truction que vous avez besoin d'extraire
du département de Corse. En cas de
guerre avec le Nord , vous ne pouvez
plus en tirer les mâtures dont vous vous
servez à présent ; ce sera en Corse que
vous en trouverez de toute beauté , pour
approvisionner, je puis le dire sans exa-
gération , la marine de la république
pendant un siècle.

L'utilité et l'importance dont la Corse
peut devenir dans les circonstances ac-
tuelles , sont trop généralement senties
pour que je puisse me permettre d'abuser
de vos momens à les démontrer ; il s'agit
de la mettre en état de défense ; et ce
qui

qui doit rassurer la Convention, c'est qu'il y a dans ce département de grands moyens, des moyens sûrs et très-peu dispendieux.

Les habitans de cette île, accoutumés à combattre, depuis des siècles, pour la liberté ; Français par intérêt autant que par inclination, sauront, n'en doutez pas, repousser les ennemis qui s'approcheroient de leur territoire ; il n'est question que de les diriger, de les éclairer sur des piéges que des prêtres fanatiques et des intrigans pourroient leur tendre, de les aider par des moyens qu'ils n'ont pas en leur pouvoir , et vous pouvez compter que les Corses, fidèles aux principes et à l'unité de la république que vous avez consacrés, défendront cette île avec tout le courage d'un peuple qui sent ses forces et connoît la cause sacrée pour laquelle il combat.

D'après ces considérations , je pense que la défense de la Corse peut devenir

C

l'objet d'un rapport particulier. Je vous propose en conséquence de charger vos comités de la guerre, de marine et de défense générale, de vous faire, sous huit jours au plus tard, un rapport sur les moyens de pourvoir à la défense du département de Corse.

Cette proposition est décrétée.

Numéro II.

LES DÉPUTÉS

DU DÉPARTEMENT DE LA CORSE

A LA CONVENTION NATIONALE,

*Aux Membres composant le Comité
de la Guerre.*

MÉMOIRE.

Les dangers de la Patrie ne sont pas ter-
minés ; de nouveaux ennemis se préparent ;
notre commerce, nos côtes maritimes sont
menacées ; la liberté enfin, ce doux et pré-
cieux avantage des Républicains est encore
en péril. Législateurs, vous êtes envoyés
pour la faire triompher, ses vrais amis doivent vous offrir des moyens propres à en
affermir les bases, sur-tout quand ils ne pré-

sentent pas un surcroit de dépenses. Tel est le but qui détermine les députés de la Corse à proposer, pour leur département, la levée de quatre bataillons de troupes légères , en supprimant les quatre autres de volontaires nationaux. Ils doivent à leur civisme de dévoiler à la convention les vices qui perpétuent l'inutilité et le préjudice de ces derniers. Payés au complet, ces corps ne présentent jamais qu'un actif de trois cents hommes , composés en grande partie de chefs de famille , ils opposent des difficultés presque insurmontables à leur embarquement pour le continent.

Les Corses offrent peu d'anciens militaires , il est bien difficile de les soumettre aux regles de la discipline et des manœuvres de la tactique ; mais il n'est personne qui ne connoisse leur aptitude à la petite guerre, et nous pouvons avancer avec certitude qu'on les verra se présenter à l'envie pour la composition des bataillons de troupes légères.

Sans inquiétude du côté de la mer, ces bataillons transportés dans le continent, feront voir sur les montagnes de nos ennemis, ce que peuvent les compagnies corses organisées suivant le génie qui leur est propre. Si deux bataillons restent dans l'Isle, comme nous le croyons indispensable, on pourroit en tirer un régiment de ligne pour renforcer une de nos armées. Dans tous les cas il nous paroît avantageux de faire entrer dans la composition de ces nouveaux corps, les volontaires nationaux supprimés qu'on jugeroit convenable; et d'incorporer trois cents suisses, du régiment de Salis-Grison licencié, qui, animés du zèle de servir sous les drapeaux de la liberté, composent actuellement un petit corps séparé.

Menacés d'une guerre maritime, les députés de la Corse observent à la convention, que leur isle peuplée seulement de cent cinquante mille ames, et n'offrant pas moins de cent lieues de côtes à protéger, ils re-

gardent comme indispensable et pressant,
de completter pour elle un système rassu-
rant de défense. Sa situation , ses rades ,
ses productions pour la marine la présentent à nos ennemis sous les rapports d'une
si haute importance , qu'ils tenteront tout
pour s'y établir. Le commerce de la république , sur-tout celui des côtes du midi,
notamment celui de la florissante ville de
Marseille avec l'Italie , l'Espagne, le Levant et la Barbarie , recevroit alors des
échecs si multipliés , qu'il seroit menacé
d'une entière destruction.

La Corse abandonnée du reste de la terre,
a successivement lutté pour son indépen-
dance , contre les puissances formidables,
qui jusqu'à présent ne l'ont environnée ,
que pour y perpétuer la misère, le deuil
et la désolation. Aujourd'hui les corses réu-
nis aux français libres , ne doivent plus
souffrir que la mer d'un de leurs ports soit
impunément souillé par des vaisseaux char-
gés de satellites esclaves ; eux seuls préser-

veront toujours leurs montagnes du joug des tyrans quelqu'ils soient, car il n'y a qu'une France, et il n'y a plus de romains.

Paris, le 31 Décembre 1792, premier de la république Française.

A. Chiappe, Moltedo, Luce Casabianca, Bozi, A. Andrei, Saliceti.

Numéro III.

LEVÉE DES TROUPES LEGERES
EN CORSE.

LIEUTENANS-COLONELS.

Liste des Citoyens que la députation de Corse croit propre à couvrir les places de Lieutenans-colonels des quatre bataillons d'Infanterie legère, que la Convention nationale a décrétés pour la Corse, le 5 Février dernier. Savoir;

LIEUTENANS-COLONELS EN PREMIER.

Jean-Baptiste Ristori, ancien capitaine du régiment Provincial.

Antoine Gentili, commandant de la garde nationale de Saint-Florent.

Jacques Pò, commandant de la garde nationale d'Ajaccio.

Jean-Charles Catoni, commandant de garde nationale de Rostino.

LIEUTENANS - COLONELS EN SECOND.

Barthélemi Arrighi, ci-devant commandant de la garde nationale de Corte.

Louis Ciavaldini, commandant de la garde nationale du canton d'Orezza.

Dominique-Marie Moltedo, commandant de la garde nationale de Vico.

Jules Roccaserra, commandant de la garde nationale de Portovecchio.

Les soussignés, Députés du département de Corse, certifient à l'unanimité, que les citoyens ci-dessus nommés sont très-propres, par leur civisme, par leur attachement à la république, et même par l'influence qu'ils ont dans le pays, à remplir les places pour lesquelles ils sont désignés. Paris, le 8 Février 1793, second de la république Française.

Signé CHRISTOPPE SALICETI, A. ANDREI, CHIAPPE, LUCE CASABIANCA, BOZI, A. MOLTEDO.

NUMÉRO IV.

LEVÉE DES TROUPES LEGERES EN CORSE.

Liste des Citoyens que la députation de Corse croit propres à couvrir les places de Capitaines des quatre Bataillons d'infanterie légère que la Convention nationale a décrétés pour la Convention, le 5 de ce mois. Savoir.

CAPITAINES.

Pierre Colle.
Antoine-François Saliceti.
Paul Morati.
Albert Giocanti.
Placide Battaglini.
François Subrini.
Simon Colonna.
Orso-Pietro Emanuelli.

Benoît Casalta.
AntoinetLouis Poli.
Marati, fils.
Gambini de Corte.
Hippolyte Agostini.
Jean-Pierre Levie,
Paul Istria.
Cesar-Antoine Leca.
Antoine-Pierre-André Ortoli.
Marc-Aurèle Peretti.
Massoni.
Monti.
Profice Grazietti.
Bernardin Aldrovandi.
Casta de Saint-Pietro.
Ourse-Léon Negroni.
Bonelli.
Jérôme Carabella.
Lepidi de Zuani.
Jean-Baptiste Guasco.
Jean-Baptiste Lanfranchi.
Ourse-Paul Sebastiani.

Les soussignés, Députés du Département de Corse, certifient à l'unanimité, que les citoyens ci-dessus, sont très-propres par leur civisme, par leur attachement à la république, et même par l'influence qu'ils ont dans le pays, à remplir les places pour lesquelles ils sont désignés.

Paris, le 8 Février 1793, l'an second de la république Française.

Signé CHRISTOPHE SALICETI, LUCE CASABIANCA, A. CHIAPPE, A. MOLTEDO, BOZJ, ANTOINE ANDREI.

Numéro VI.

COPIE LITÉRALE

DE LETTRE DU GÉNÉRAL PAOLI, AU CITOYEN SALICETI.

Corte, le 2 Janvier 1793.

Très-estimé M. Saliceti,

J'ai reçu votre lettre du 18 décembre, par laquelle vous m'invitez à donner la main à l'expédition de la Sardaigne.

Le ministre, en effet, m'a écrit une lettre que j'ai reçue Lundi au soir, dans laquelle il m'exhorte d'assister Truguet, pour assurer la conquête de cette île, et me dit que je pourrois lui accorder quelques bataillons de troupes de ligne, et quelqu'autre de gardes nationales. Au lieu d'un bataillon de ligne, nous lui avons accordé tout le régiment de Limousin, et un détachement de 3oo hommes de chacun des autres régimens. Ni lui, ni Semouville, n'ont pas jugé à propos d'embarquer sur la flotte le détachement de 8oo gardes nationales ; le désordre d'Ajaccio, où nos gens se sont pourtant bien montrés, a été fatal.

J'écrivis au ministre, il y a quelques courriers, quelque chose sur les Suisses, je repliquerai par celui-ci. La réforme partielle de ces maudits bataillons de volontaires nationaux, exciterait des jalousies. Il vaut mieux faire main-basse sur tous. On pourrait former un régiment de Corses et de Suisses. Leonetti (1), qui s'entend mieux à ce métier que tout autre, pourroit en être le colonel. Ciavaldini seroit bon pour lieutenant-colonel. Le surplus de l'argent que content ces ba-

____

(1) Leonetti, c'est son neveu, qui venait de quitter le service de la marine du roi de Naples, il a été salarié par l'Angleterre en Toscane.

taillons, je pourrais (1) l'employer à solder de nos géns, que l'on pourrait faire servir à leur tour.

Peraldi, que certaines personnes approuvaient pour aide-de-camp-général, n'a point encore reçu sa commission ; et même le ministre m'écrit de lui faire connaître quels officiers-généraux et quels aides-de-camp seraient nécessaires dans la division.

Il faut que le commis n'aie pas encore ouvert mes paquets....

Signé Pascal de Paoli.

Le reste de la lettre ne contient que des objets de politique.

---

(1) Cette intention est digne de remarque.

De l'Imprimerie de Pain, Cloître Saint-Honoré, près le ci-devant Palais-Royal.